ÚLTIMOS POEMAS
(O Mar e os Sinos)

Livros do autor na Coleção **L&PM** POCKET:

A barcarola
Cantos cerimoniais (Edição bilíngue)
Cem sonetos de amor
O coração amarelo (Edição bilíngue)
Crepusculário (Edição bilíngue)
Defeitos escolhidos & 2000 (Edição bilíngue)
Elegia (Edição bilíngue)
Jardim de inverno (Edição bilíngue)
Livro das perguntas (Edição bilíngue)
Memorial de Isla Negra
Residência na terra I (Edição bilíngue)
Residência na terra II (Edição bilíngue)
A rosa separada (Edição bilíngue)
Terceira residência (Edição bilíngue)
Últimos poemas (Edição bilíngue)
As uvas e o vento
Vinte poemas de amor e uma canção desesperada (Edição bilíngue)

PABLO NERUDA

ÚLTIMOS POEMAS
(O Mar e os Sinos)

Tradução de Luiz de Miranda

Edição bilíngue

www.lpm.com.br

Coleção **L&PM** POCKET, vol. 60

Texto de acordo com a nova ortografia.
Título original: *El mar y las campanas*

Este livro teve sua primeira edição pela L&PM Editores, em formato 14 x 21 cm, em 1983.
Primeira edição na Coleção **L&PM** POCKET: julho de 1997
Esta reimpressão: novembro de 2024

Capa: Ivan Pinheiro Machado. *Ilustração*: "Les Marguerites", Raoul Dufy (1943)
Tradução: Luiz de Miranda
Revisão: Flávio Dotti Cesa, Patrícia Yurgel e Lia Cremonese

CIP-Brasil. Catalogação na Fonte
Sindicato Nacional dos Editores de Livros, RJ

N367u

Neruda, Pablo, 1904-1973
  Últimos poemas (O Mar e os Sinos) / Pablo Neruda; tradução de Luiz de Miranda. – Porto Alegre, RS: L&PM, 2024.
  144p. – (Coleção L&PM POCKET; v. 60)

  Tradução de: *El mar y las campanas*
  Texto bilíngue, português e espanhol
  ISBN 978-85-254-0701-6

  1. Poesia chilena. I. Miranda, Luiz de. I. Título. II. Série.

09-3535.   CDD: 869.99331
                            CDU: 821.134.2(83)-1

© Fundación Pablo Neruda, 1973

Todos os direitos desta edição reservados a L&PM Editores
Rua Comendador Coruja, 314, loja 9 – Floresta – 90.220-180
Porto Alegre – RS – Brasil / Fone: 51.3225.5777

Pedidos & Depto. Comercial: vendas@lpm.com.br
Fale conosco: info@lpm.com.br
www.lpm.com.br

Impresso no Brasil
Primavera de 2024

ÚLTIMOS POEMAS
(O Mar e os Sinos)

CONTENIDO

Inicial 12
Buscar 16
Regresando 18
[Gracias, violines...] 22
[Parece que un navío...] 24
[Cuando yo decidí...] 28
[Declaro cuatro perros...] 30
[Vinieron unos argentinos...] 32
[Yo me llamaba Reyes...] 34
[Salud, decimos cada día...] 36
[Hoy cuántas horas...] 40
[Conocí al mexicano...] 42
[A ver, llamé a mi tribu...] 46
Cada día Matilde 48
[Les contaré...] 50
[De un viaje vuelvo...] 52
[Se vuelve a yo...] 54
[Hace tiempo...] 56
[Pedro es el cuándo...] 60
[Un animal pequeño...] 64
[No hay mucho que contar...] 68
[Llueve...] 72
[En pleno mes de Junio...] 74
[Esta campana rota...] 76

SUMÁRIO

Inicial 13
Buscar 17
Regressando 19
[Obrigado, violinos...] 23
[Parece que um navio...] 25
[Quando eu decidi...] 29
[Declaro quatro cães...]................................31
[Chegaram uns argentinos...].............................33
[Eu me chamava Reyes...] 35
[Saúde, dizemos cada dia...] 37
[Hoje quantas horas...] 41
[Conheci o mexicano...] 43
[Vamos ver, chamei a minha tribo...] 47
Cada dia Matilde...49
[Contarei...] 51
[De uma viagem volto...] 53
[Volta-se a mim...] 55
[Faz tempo...] 57
[Pedro é o quando...] 61
[Um animal pequeno...] 65
[Não há muito que contar...] 69
[Chove...] 73
[Em pleno mês de Junho...] 75
[Este sino roto...]...77

[Quiero saber...]	80
(H. V.)	82
[No un enfermizo caso...]	84
[Sí, camarada...]	86
[Desde que amaneció...]	90
[El puerto puerto...]	92
[Todos me preguntaban...]	94
Lento	96
Sucede	98
Rama	100
El embajador	102
Aquí	106
[Si cada día cae...]	108
Todos	110
Pereza	114
Nombres	118
Esperemos	120
Las estrellas	122
Ciudad	124
[Se llama a una puerta...]	128
[Perdón si por mis ojos...]	130
[Sangrienta fue...]	132
(Trinó el zorzal...)	134
[Ahí está el mar?...]	136
Final	138

[Quero saber...]	81
(H. V.)	83
[Não um caso doentio...]	85
[Sim, camarada...]	87
[Desde que amanheceu...]	91
[O porto porto...]	93
[Todos me perguntavam...]	95
Lento	97
Acontece	99
Ramo	101
O embaixador	103
Aqui	107
[Se cada dia cai...]	109
Todos	111
Preguiça	115
Nomes	119
Esperemos	121
As estrelas	123
Cidade	125
[Se chama a uma porta...]	129
[Perdão se pelos meus olhos...]	131
[Foi sangrenta...]	133
(Trinou o zorzal...)	135
[Aí está o mar?...]	137
Final	139
Sobre o autor	140

Era intención de Pablo Neruda poner título a cada uno de los poemas. Sólo pudo hacerlo con unos pocos; en los restantes, hemos puesto como título el primer verso, o parte de él, entre corchetes.

Era intenção de Neruda colocar título em todos os poemas. Somente pôde fazê-lo em uns poucos; nos outros, colocamos como título o primeiro verso, ou parte dele, entre colchetes.

INICIAL

Hora por hora no es el día,
es dolor por dolor:
el tiempo no se arruga,
no se gasta:
mar, dice el mar,
sin tregua,
tierra, dice la tierra:
el hombre espera.
Y sólo
su campana
allí está entre las otras
guardando en su vacío
un silencio implacable
que se repartirá cuando levante
su lengua de metal ola tras ola.

De tantas cosas que tuve,
andando de rodillas por el mundo,
aquí, desnudo,
no tengo más que el duro mediodía
del mar, y una campana.

Me dan ellos su voz para sufrir
y su advertencia para detenerme.

INICIAL

O DIA NÃO É hora por hora,
é dor por dor,
o tempo não se dobra,
não se gasta,
mar, diz o mar,
sem trégua,
terra, diz a terra,
o homem espera.
E só
seu sino
está ali entre os outros
guardando em seu vazio
um silêncio implacável
que se repartirá
quando levante sua língua de metal
onda após onda.

De tantas coisas que tive,
andando de joelhos pelo mundo,
aqui, despido,
não tenho mais que o duro meio-dia
do mar, e um sino.

Eles me dão sua voz para sofrer
e sua advertência para deter-me.

Esto sucede para todo el mundo:
continúa el espacio.

Y vive el mar.

Existen las campanas.

Isto acontece para todo o mundo,
continua o espaço.

E vive o mar.

Existem os sinos.

BUSCAR

Del ditirambo a la raíz del mar
se extiende un nuevo tipo de vacío:
no quiero más, dice la ola,
que no sigan hablando,
que no siga creciendo
la barba del cemento
en la ciudad:
estamos solos,
queremos gritar por fin,
orinar frente al mar,
ver siete pájaros del mismo color,
tres mil gaviotas verdes,
buscar el amor en la arena,
ensuciar los zapatos,
los libros, el sombrero, el pensamiento
hasta encontrarte, nada,
hasta besarte, nada,
hasta cantarte, nada,
nada sin nada, sin hacer
nada, sin terminar
lo verdadero.

BUSCAR

Do DITIRAMBO à raiz do mar
se estende um novo tipo de vazio;
não quero mais, diz a onda,
que não sigam falando,
que não siga crescendo
a massa do concreto
na cidade;
estamos sozinhos,
queremos gritar por fim,
mijar frente ao mar,
ver sete pássaros da mesma cor,
três mil gaivotas verdes,
buscar o amor na areia,
sujar os sapatos,
os livros, o chapéu, o pensamento
até encontrar-te, nada,
até beijar-te, nada,
até cantar-te, nada,
nada sem nada, sem fazer
nada, sem terminar
o verdadeiro.

REGRESANDO

Yo TENGO tantas muertes de perfil
que por eso no muero,
soy incapaz de hacerlo,
me buscan y no me hallan
y salgo con la mía,
con mi pobre destino
de caballo perdido
en los potreros solos
del sur del Sur de América:
sopla un viento de fierro,
los árboles se agachan
desde su nacimiento:
deben besar la tierra,
la llanura:
llega después la nieve
hecha de mil espadas
que no terminan nunca.
Yo he regresado
desde donde estaré,
desde mañana Viernes,
yo regresé
con todas mis campanas
y me quedé plantado
buscando la pradera,
besando tierra amarga
como el arbusto agachado.

REGRESSANDO

Eu tenho tantas mortes de perfil
que por isso não morro,
sou incapaz de fazê-lo,
me buscam e não me acham
e saio com o que quero,
com meu pobre destino
de cavalo perdido
nos potreiros solitários
do sul do Sul da América
– sopra um vento de ferro,
as árvores se dobram
desde seu nascimento,
devem beijar a terra,
a planície –
chega depois a neve
feita de mil espadas
que nunca terminam.
Eu tenho regressado
de onde estarei,
desde amanhã Sexta,
eu regressei
com todos os meus sinos
e fiquei plantado
procurando a pradaria,
beijando terra amarga
como o arbusto dobrado.

Porque es obligatorio
obedecer al invierno,
dejar crecer el viento
también dentro de ti,
hasta que cae la nieve,
se unen el hoy y el día,
el viento y el pasado,
cae el frío,
al fin estamos solos,
por fin nos callaremos.
Gracias.

Porque é obrigatório
obedecer ao inverno,
deixar crescer o vento
também dentro de ti,
até que cai a neve,
unem-se o hoje e o dia,
o vento e o passado,
cai o frio,
ao fim estamos sozinhos,
por fim nos calaremos.
Obrigado.

[GRACIAS, VIOLINES...]

Gracias, violines, por este día
de cuatro cuerdas. Puro
es el sonido del cielo,
la voz azul del aire.

[OBRIGADO, VIOLINOS...]

Obrigado, violinos, por este dia
de quatro cordas.
É puro o som do céu,
a voz azul do ar.

[PARECE QUE UN NAVÍO...]

Parece que un navío diferente
pasará por el mar, a cierta hora.
No es de hierro ni son anaranjadas
sus banderas:
nadie sabe de dónde
ni la hora:
todo está preparado
y no hay mejor salón, todo dispuesto
al acontecimiento pasajero.
Está la espuma dispuesta
como una alfombra fina,
tejida con estrellas,
más lejos el azul,
el verde, el movimiento ultramarino,
todo espera.
Y abierto el roquerío,
lavado, limpio, eterno,
se dispuso en la arena
como un cordón de castillos,
como un cordón de torres.
Todo
está dispuesto,
está invitado el silencio,
y hasta los hombres, siempre distraídos,
esperan no perder esta presencia:

[PARECE QUE UM NAVIO...]

Parece que um navio estranho
passará pelo mar, a certa hora.
Não é de ferro nem são alaranjadas
suas bandeiras,
ninguém sabe de onde
nem a hora,
tudo está preparado
e não há melhor salão, tudo disposto
ao passageiro acontecimento.
A espuma está disposta
como uma alfombra fina,
tecida com estrelas,
mais distante o azul,
o verde, o movimento ultramarinho,
tudo espera.
E aberto o rochedo,
lavado, limpo, eterno,
espalhado na areia
como um cordão de castelos,
como um cordão de torres.
Tudo
está disposto,
o silêncio está convidado,
e até homens, sempre distraídos,
esperam não perder esta presença;

se vistieron como en día Domingo,
se lustraron las botas,
se peinaron.
Se están haciendo viejos
y no pasa el navío.

vestiram-se como em dia Domingo,
lustraram as botas,
pentearam-se.
Estão ficando velhos
e o navio não passa.

[CUANDO YO DECIDÍ...]

Cuando yo decidí quedarme claro
y buscar mano a mano la desdicha
para jugar a los dados,
encontré la mujer que me acompaña
a troche y moche y noche,
a nube y a silencio.

Matilde es ésta,
ésta se llama así
desde Chillán,
y llueva
o truene o salga
el día con su pelo azul
o la noche delgada,
ella,
déle que déle,
lista para mi piel,
para mi espacio,
abriendo todas las ventanas del mar
para que vuele la palabra escrita,
para que se llenen los muebles
de signos silenciosos,
de fuego verde.

[QUANDO EU DECIDI...]

Quando eu decidi ficar límpido
e buscar corpo a corpo a infelicidade
para jogar os dados,
encontrei a mulher que me acompanha
a torto e direito na noite
na nuvem e no silêncio.

Esta é Matilde,
desde Chillán
chama-se assim,
e chova
ou troveje ou saia
o dia com seu pelo azul
ou a noite delgada,
ela,
sempre-sempre,
pronta para minha pele,
para meu espaço,
abrindo todas as janelas do mar
para que a palavra escrita voe,
para que se cubram os móveis
de signos silenciosos,
de fogo verde.

[DECLARO CUATRO PERROS...]

Declaro cuatro perros:
uno ya está enterrado en el jardín,
otros dos me sorprenden,
minúsculos salvajes
destructores,
de patas gruesas y colmillos duros
como agujas de roca.
Y una perra greñuda,
distante,
rubia en su cortesía.
No se sienten sus pasos de oro suave,
ni su distante presencia.
Sólo ladra muy tarde por la noche
para ciertos fantasmas,
para que sólo ciertos ausentes escogidos
la oigan en los caminos
o en otros sitios oscuros.

[DECLARO QUATRO CÃES...]

Declaro quatro cães:
um já está enterrado no jardim,
outros dois me surpreendem,
pequenos destruidores selvagens,
de patas grossas e presas duras
como agulhas de rocha.
E uma cadela grenhuda,
distante,
ruiva em sua cortesia.
Não se sentem seus passos
de ouro suave,
nem sua presença distante.
Só ladra tarde da noite
para certos fantasmas,
para que só certos ausentes
escolhidos
a ouçam nos caminhos
ou em outros lugares escuros.

[VINIERON UNOS ARGENTINOS...]

Vinieron unos argentinos,
eran de Jujuy y Mendoza,
un ingeniero, un médico,
tres hijas como tres uvas.
Yo no tenía nada que decir.
Tampoco mis desconocidos.
Entonces no nos dijimos nada,
sólo respiramos juntos
el aire brusco del Pacífico sur,
el aire verde
de la pampa líquida.
Tal vez se lo llevaron de vuelta a sus ciudades
como quien se lleva un perro de otro país,
o unas alas extrañas,
un ave palpitante.

[CHEGARAM UNS ARGENTINOS...]

Chegaram uns argentinos,
eram de Jujuy e Mendoza,
um engenheiro, um médico,
três filhas como três uvas.
Eu não tinha nada que dizer.
Tampouco meus desconhecidos.
Então não nos dissemos nada.
Só respiramos juntos
o ar brusco do Pacífico sul,
o ar verde
da pampa líquida.
Talvez o levaram de volta
às suas cidades
como quem leva um cão de outro país,
ou umas asas estranhas,
uma ave palpitante.

[YO ME LLAMABA REYES...]

Yo me llamaba Reyes, Catrileo,
Arellano, Rodríguez, he olvidado
mis nombres verdaderos.
Nací con apellido
de robles viejos, de árboles recientes,
de madera silbante.
Yo fui depositado
en la hojarasca:
se hundió el recién nacido
en la derrota y en el nacimiento
de selvas que caían
y casas pobres que recién lloraban.
Yo no nací sino que me fundaron:
me pusieron todos los nombres a la vez,
todos los apellidos:
me llamé matorral, luego ciruelo,
alerce y luego trigo,
por eso soy tanto y tan poco,
tan multitud y tan desamparado,
porque vengo de abajo,
de la tierra.

[EU ME CHAMAVA REYES...]

Eu me chamava Reyes, Catrileo,
Arellano, Rodriguez, tenho esquecido
meus nomes verdadeiros.
Nasci com sobrenome
de carvalho velho, de árvores recentes,
de madeira que assobia.
Eu fui depositado
nas folhas caídas,
afundou o recém-nascido
na derrota e no nascimento
de bosques que caíam
e casas pobres que recém choravam.
Eu não nasci mas me fundaram,
me puseram todos os nomes
de uma só vez,
me chamei matagal,
depois ameixeira, lariço e depois trigo,
por isso sou tanto e tão pouco,
tão multidão e tão desamparado,
porque venho de baixo,
da terra.

[SALUD, DECIMOS CADA DÍA...]

SALUD, decimos cada día,
a cada uno,
es la tarjeta de visita
de la falsa bondad
y de la verdadera.
Es la campana para reconocermos:
aquí estamos, salud!
Se oye bien, existimos.
Salud, salud, salud,
a éste y al otro, a quién,
y al cuchillo, al veneno
y al malvado.
Salud, reconocedme,
somos iguales y no nos queremos,
nos amamos y somos desiguales,
cada uno con cuchara,
con un lamento especial,
encantado de ser o de no ser:
hay que disponer de tantas manos,
de tantos labios para sonreír,
salud!
que ya no queda tiempo.
Salud
de enterarse de nada.

[SAÚDE, DIZEMOS CADA DIA...]

SAÚDE, dizemos cada dia,
a cada um,
é o cartão de visita
da falsa bondade
e da verdadeira.
É o sino para reconhecer-nos:
aqui estamos, saúde!
Se ouve bem, existimos.
Saúde, saúde, saúde,
a este e ao outro, a quem,
e à faca, ao veneno
e ao malvado.
Saúde, reconhece-me,
somos iguais
e não nos queremos,
nos amamos e somos desiguais,
cada um com colher,
com um lamento especial,
encantado de ser e de não ser;
há que dispor de tantas mãos,
de tantos lábios para sorrir,
saúde!
que já não resta tempo.
Saúde
de inteirar-se de nada.

Salud
de dedicarnos a nosotros mismos
si es que nos queda algo de nosotros,
de nosotros mismos.
Salud!

Saúde
de dedicar-nos a nós mesmos,
se é que nos resta algo
de nós, de nós mesmos.
Saúde!

[HOY CUÁNTAS HORAS...]

Hoy cuántas horas van cayendo
en el pozo, en la red, en el tiempo:
son lentas pero no se dieron tregua,
siguen cayendo, uniéndose
primero como peces,
luego como pedradas o botellas.
Allá abajo se entienden
las horas con los días,
con los meses,
con borrosos recuerdos,
noches deshabitadas,
ropas, mujeres, trenes y provincias,
el tiempo se acumula
y cada hora
se disuelve en silencio,
se desmenuza y cae
al ácido de todos los vestigios,
al agua negra
de la noche inversa.

[HOJE QUANTAS HORAS...]

Hoje quantas horas vão caindo
no poço, na rede, no tempo,
são lentas mas não tiveram descanso,
seguem caindo, unindo-se
primeiro como peixes,
depois como pedradas ou garrafas.
Lá embaixo entendem-se
as horas com os dias,
com os meses,
com lembranças confusas,
noites desabitadas,
roupas, mulheres, trens e províncias,
o tempo se acumula
e cada hora
se dissolve em silêncio,
se esfarela e cai
ao ácido de todos os vestígios,
à água negra
do avesso da noite.

[CONOCÍ AL MEXICANO...]

Conocí al mexicano Tihuatín
hace ya algunos siglos, en Jalapa,
y luego de encontrarlo cada vez
en Colombia, en Iquique, en Arequipa,
comencé a sospechar de su existencia.
Extraño su sombrero
me había parecido cuando
el hombre aquel, alfarero de oficio,
vivía de la arcilla mexicana
y luego fue arquitecto, mayordomo
de una ferretería en Venezuela,
minero y alguacil en Guatemala.
Yo pensé cómo, con la misma edad,
sólo trescientos años,
yo, con el mismo oficio, ensimismado
en mi campanería,
con golpear siempre piedras o metales
para que alguien oiga mis campanas
y conozca mi voz, mi única voz,
este hombre, desde muertos años
por ríos que no existen,
cambiaba de ejercicio?

Entonces comprendí que él era yo,
que éramos un sobreviviente más

[CONHECI O MEXICANO...]

Conheci o mexicano Tihuatín
faz alguns séculos, em Jalapa,
e depois, cada vez, ao encontrá-lo
na Colômbia, em Iquique, em Arequipa,
comecei a suspeitar de sua existência.
Tinha-me parecido estranho
seu chapéu, quando aquele homem,
oleiro de ofício, vivia da argila
mexicana e depois tornou-se arquiteto,
mordomo de uma ferragem na Venezuela,
mineiro e aguazil na Guatemala.
Como, pensei, com a mesma idade,
só trezentos anos,
eu, com o mesmo ofício, ensimesmado
em minha fábrica de sinos,
a bater sempre pedras ou metais
para que alguém ouça meus sinos
e conheça minha voz,
minha única voz,
este homem, desde mortos anos
por rios que não existem,
muda de ofício?

Então compreendi que ele era eu,
que éramos um sobrevivente a mais

entre otros de por acá o aquí,
otros de iguales linajes enterrados
con las manos sucias de arena,
naciendo siempre y en cualquiera parte
dispuestos a un trabajo interminable.

entre outros de perto ou daqui,
outros de linhagens iguais enterrados
com as mãos sujas de areia,
nascendo sempre em qualquer parte,
dispostos a um trabalho interminável.

[A VER, LLAMÉ A MI TRIBU...]

A VER, llamé a mi tribu y dije: a ver,
quiénes somos, qué hacemos, qué pensamos.
El más pálido de ellos, de nosotros,
me respondió con otros ojos,
con otra sinrazón, con su bandera.
Ese era el pabellón del enemigo.
Aquel hombre, tal vez, tenía derecho
a matar mi verdad, así pasó
conmigo y con mi padre, y así pasa.
Pero sufrí como si me mordieran.

[VAMOS VER, CHAMEI A MINHA TRIBO...]

Vamos ver, chamei a minha tribo e disse:
vamos ver, quem somos, que fazemos, que
                              [pensamos.
O mais pálido deles, de nós,
me respondeu com outros olhos,
com outra sem-razão, com sua bandeira.
Esse era o pavilhão do inimigo.
Aquele homem, talvez, tinha direito
a matar minha verdade, assim aconteceu
comigo e com meu pai, e assim acontece.
Mas sofri como se me mordessem.

CADA DÍA MATILDE

Hoy a ti: larga eres
como el cuerpo de Chile, y delicada
como una flor de anís,
y en cada rama guardas testimonio
de nuestras indelebles primaveras:
Qué día es hoy? Tu día.
Y mañana es ayer, no ha sucedido,
no se fue ningún día de tus manos:
guardas el sol, la tierra, las violetas
en tu pequeña sombra cuando duermes.
Y así cada mañana
me regalas la vida.

CADA DIA MATILDE

HOJE A TI: és longa
como o corpo do Chile,
e delicada como uma flor de anis,
e em cada rama guardas testemunho
de nossas indeléveis primaveras.
Que dia é hoje? Teu dia.
E amanhã é ontem,
não tem acontecido,
não se foi nenhum dia das tuas mãos,
guardas o sol, a terra, as violetas
em tua pequena sombra quando dormes.
E assim cada manhã
me presenteias a vida.

[LES CONTARÉ...]

Les contaré que en la ciudad viví
en cierta calle con nombre de capitán,
y esa calle tenía muchedumbre,
zapaterías, ventas de licores,
almacenes repletos de rubíes.
No se podía ir o venir,
había tantas gentes
comiendo o escupiendo o respirando,
comprando y vendiendo trajes.
Todo me pareció brillante,
todo estaba encendido
y era todo sonoro
como para cegar o ensordecer.
Hace ya tiempo de esta calle,
hace ya tiempo que no escucho nada,
cambié de estilo, vivo entre las piedras
y el movimiento del agua.
Aquella calle tal vez se murió
de muertes naturales.

[CONTAREI...]

Contarei que na cidade vivi
em certa rua com nome de capitão,
e essa rua tinha multidão,
sapateiros, venda de licores,
armazéns repletos de rubis.
Não se podia ir ou vir,
havia tanta gente
comendo ou cuspindo ou respirando,
comprando e vendendo trajes.
Tudo me pareceu brilhante,
tudo estava aceso
e tudo era sonoro
como para cegar ou ensurdecer.
Esta rua já faz tanto tempo,
já faz tempo que não escuto nada,
mudei de estilo, vivo entre as pedras
e o movimento da água.
Aquela rua talvez morreu
de morte natural.

[DE UN VIAJE VUELVO...]

De un viaje vuelvo al mismo punto,
por qué?
Por qué no vuelvo donde antes viví,
calles, países, continentes, islas,
donde tuve y estuve?
Por qué será este sitio la frontera
que me eligió, qué tiene este recinto
sino un látigo de aire vertical
sobre mi rostro, y unas flores negras
que el largo invierno muerde y despedaza?
Ay, que me señalan: éste es
el perezoso, el señor oxidado,
de aquí no se movió,
de este duro recinto:
se fue quedando inmóvil
hasta que ya se endurecieron sus ojos
y le creció una yedra en la mirada.

[DE UMA VIAGEM VOLTO...]

De uma viagem volto ao mesmo ponto,
por quê?
Por que não volto aonde antes vivi,
ruas, países, continentes, ilhas,
onde tive e estive?
Por que será este lugar a fronteira
que me elegeu, que tem este recinto
senão um látego de ar vertical
sobre meu rosto, e umas flores negras
que o longo inverno morde e despedaça?
Ai, que me assinalam:
– este é o preguiçoso,
o senhor enferrujado,
daqui não se moveu,
deste duro recinto
foi ficando imóvel
até que endureceram seus olhos
e cresceu-lhe uma hera no olhar.

[SE VUELVE A YO...]

Se vuelve a yo como a una casa vieja
con clavos y ranuras, es así
que uno mismo cansado de uno mismo,
como de un traje lleno de agujeros,
trata de andar desnudo porque llueve,
quiere el hombre mojarse en agua pura,
en viento elemental, y no consigue
sino volver al pozo de sí mismo,
a la minúscula preocupación
de si existió, de si supo expresar
o pagar o deber o descubrir,
como si yo fuera tan importante
que tenga que aceptarme o no aceptarme
la tierra con su nombre vegetal,
en su teatro de paredes negras.

[VOLTA-SE A MIM...]

Volta-se a mim como a uma casa velha
com pregos e ranhuras, e assim
que alguém cansado de si mesmo,
como de um traje cheio de buracos,
tenta andar despido porque chove,
quer o homem molhar-se na água pura,
no vento elementar, e não consegue
senão voltar ao poço de si mesmo,
à minúscula preocupação de se existiu,
de se soube expressar-se
ou pagar ou dever ou descobrir,
como se fosse tão importante
que a terra com seu nome vegetal
tenha que aceitar-me ou não aceitar-me
no seu teatro de paredes negras.

[HACE TIEMPO...]

Hace tiempo, en un viaje
descubrí un río:
era apenas un niño, un perro, un pájaro,
aquel río naciente.
Susurraba y gemía
entre las piedras
de la ferruginosa cordillera:
imploraba existencia
entre la soledad de cielo y nieve,
allá lejos, arriba.
Yo me sentí cansado
como un caballo viejo
junto a la criatura natural
que comenzaba a correr,
a saltar y crecer,
a cantar con voz clara,
a conocer la tierra,
las piedras, el transcurso,
a caminar noche y día,
a convertirse en trueno,
hasta llegar a ser vertiginoso,
hasta llegar a la tranquilidad,
hasta ser ancho y regalar el agua,
hasta ser patriarcal y navegado,
este pequeño río,

[FAZ TEMPO...]

FAZ TEMPO, numa viagem
descobri um rio,
era apenas um menino, um cão,
um pássaro, aquele rio nascente.
Sussurrava e gemia
entre as pedras
da ferruginosa cordilheira,
implorava existência
entre a solidão de céu e neve,
lá longe, acima.
Eu me senti cansado
como um cavalo velho
junto à criatura natural
que começava a correr,
a saltar e crescer,
a cantar com voz clara,
a conhecer a terra,
as pedras, o transcurso,
a caminhar noite e dia,
a converter-se em trovão,
até chegar a ser vertiginoso,
até chegar à tranquilidade,
até ser largo e presentear a água,
até ser patriarcal e navegado,
este pequeno rio,

pequeño y torpe como un pez metálico
aquí dejando escamas al pasar,
gotas de plata agredida,
un río
que lloraba al nacer,
que iba creciendo
ante mis ojos.
Allí en las cordilleras de mi patria
alguna vez y hace tiempo
yo vi, toqué y oí
lo que nacía:
un latido, un sonido entre las piedras
era lo que nacía.

pequeno e torpe
como um peixe metálico
deixando aqui escamas ao passar,
gotas de prata agredida,
um rio
que chorava ao nascer,
que ia crescendo
ante meus olhos.
Ali nas cordilheiras de minha pátria
alguma vez e faz tempo
eu vi, toquei e ouvi
o que nascia:
um latido, um som entre as pedras
era o que nascia.

[PEDRO ES EL CUÁNDO...]

PEDRO ES EL CUÁNDO y el cómo,
Clara es tal vez el sin duda,
Roberto, el sin embargo:
todos caminan con preposiciones,
adverbios, sustantivos
que se anticipan en los almacenes,
en las corporaciones, en la calle,
y me pesa cada hombre con su peso,
con su palabra relacionadora
como un sombrero viejo:
a dónde van? me pregunto.
A dónde vamos
con la mercadería
precautoria,
envolviéndonos en palabritas,
vistiéndonos con redes?

A través de nosotros cae como la lluvia
la verdad, la esperada solución:
vienen y van las calles
llenas de pormenores:
ya podemos colgar como tapices
del salón, del balcón, por las paredes,
los discursos caídos
al camino

[PEDRO É O QUANDO...]

PEDRO É O QUANDO e o como,
Clara é talvez o sem dúvida,
Roberto, o porém,
todos caminham com preposições,
advérbios, substantivos
que se antecipam nos armazéns,
nas corporações, na rua,
e me pesa cada homem com seu peso,
com sua palavra referente
como um chapéu velho.
Aonde vão?, me pergunto.
Aonde vamos
com a mercadoria
precautória,
envolvendo-nos em palavrinhas,
vestindo-nos com redes?

Através de nós cai como a chuva
a verdade, a esperada solução
– vão e vêm as ruas
cheias de pormenores –
já podemos pendurar como tapetes
de salão, de balcão, pelas paredes,
os discursos caídos
no caminho

sin que nadie se quedara con nada,
oro o azúcar, seres verdaderos,
la dicha,
todo esto no se habla,
no se toca,
no existe, así parece, nada claro,
piedra, madera dura,
base o elevación de la materia,
de la materia feliz,
nada, no hay sino seres sin objeto,
palabras sin destino
que no van más allá de tú y yo,
ni más acá de la oficina:
estamos demasiado ocupados:
nos llaman por teléfono
con urgencia
para notificarnos que queda prohibido
ser felices.

sem que ninguém ficasse com nada,
ouro ou açúcar, seres verdadeiros,
a felicidade,
tudo isso não se fala,
não se toca,
não existe, assim parece, nada claro,
pedra, madeira dura,
base ou elevação
da matéria,
da matéria feliz,
nada, não há senão seres sem objeto,
palavras sem destino
que não vão além de ti e de mim,
nem aquém do escritório
– estamos demasiado ocupados –
nos chamam pelo telefone
com urgência
para notificar-nos que ficou proibido
ser feliz.

[UN ANIMAL PEQUEÑO...]

Un animal pequeño,
cerdo, pájaro o perro
desvalido,
hirsuto entre plumas o pelo,
oí toda la noche,
afiebrado, gimiendo.

Era una noche extensa
y en Isla Negra, el mar,
todos sus truenos, su ferretería,
sus toneles de sal, sus vidrios rotos
contra la roca inmóvil, sacudía.

El silencio era abierto y agresivo
después de cada golpe o catarata.

Mi sueño se cosía
como hilando la noche interrumpida
y entonces el pequeño ser peludo,
oso pequeño o niño enfermo,
sufría asfixia o fiebre,
pequeña hoguera de dolor, gemido
contra la noche inmensa del océano,
contra la torre negra del silencio,
un animal herido,

[UM ANIMAL PEQUENO...]

Um animal pequeno,
porco, pássaro ou cão
desvalido,
hirsuto entre plumas ou pelo,
ouvi toda a noite,
febril, gemendo.

Era uma noite extensa
e em Ilha Negra, o mar,
todos seus trovões, sua ferragem,
seus tonéis de sal, seus vidros rotos
contra a rocha imóvel, sacudia.

O silêncio era aberto e agressivo
depois de cada golpe ou cachoeira.

Meu sonho se cozia
como fiando a noite interrompida
e então o pequeno ser peludo,
pequeno urso ou menino doente,
sofria asfixia ou febre,
pequena fogueira de dor, gemido
contra a noite imensa do oceano,
contra a torre negra do silêncio,
um animal ferido,

pequeñito,
apenas susurrante
bajo el vacío de la noche,
solo.

pequeninho,
apenas sussurrante
sob o vazio da noite,
só.

[NO HAY MUCHO QUE CONTAR...]

No hay mucho que contar,
para mañana
cuando ya baje
al Buenosdías
es necesario para mí
este pan
de los cuentos,
de los cantos.
Antes del alba, después de la cortina
también, abierta al sol del frío,
la eficacia de un día turbulento.

Debo decir: aquí estoy,
esto no me pasó y esto sucede:
mientras tanto las algas del océano
se mecen predispuestas
a la ola,
y cada cosa tiene su razón:
sobre cada razón un movimiento
como de ave marina que despega
de piedra o agua o alga flotadora.

Yo con mis manos debo
llamar: venga cualquiera.

[NÃO HÁ MUITO QUE CONTAR...]

NÃO HÁ MUITO que contar,
para amanhã
quando já desça
ao Bom-Dia
é necessário para mim
este pão
dos contos,
dos cantos.
Antes da alba, depois da cortina
também, aberta ao sol do frio,
à eficácia de um dia turbulento.

Devo dizer: aqui estou,
isto não me aconteceu e isto acontece;
enquanto isto as algas do oceano
se movem predispostas
à onda,
e cada coisa tem sua razão,
sobre cada razão um movimento
como de ave marinha que levanta
da pedra, da água, da alga flutuante.

Eu com minhas mãos devo
chamar: venha qualquer um.

Aquí está lo que tengo, lo que debo,
oigan la cuenta, el cuento y el sonido.

Así cada mañana de mi vida
traigo del sueño otro sueño.

Aqui está o que tenho, o que devo,
ouçam a conta, o conto e o som.

Assim cada manhã de minha vida
trago do sonho outro sonho.

[LLUEVE...]

Llueve
sobre la arena, sobre el techo
el tema
de la lluvia:
las largas eles de la lluvia lenta
caen sobre las páginas
de mi amor sempiterno,
la sal de cada día:
regresa lluvia a tu nido anterior,
vuelve con tus agujas al pasado:
hoy quiero el espacio blanco,
el tiempo de papel para una rama
de rosal verde y de rosas doradas:
algo de la infinita primavera
que hoy esperaba, con el cielo abierto
y el papel esperaba,
cuando volvió la lluvia
a tocar tristemente
la ventana,
luego a bailar con furia desmedida
sobre mi corazón y sobre el techo, reclamando
su sitio,
pidiéndome una copa
para llenarla una vez más de agujas,
de tiempo transparente,
de lágrimas.

[CHOVE...]

CHOVE SOBRE a areia,
sobre o teto
o tema da chuva,
os largos eles da chuva lenta
caem sobre as páginas
de meu amor sempiterno,
o sal de cada dia,
regressa chuva a teu ninho anterior,
volta com tuas agulhas ao passado,
hoje quero o espaço branco,
o tempo de papel para um ramo
de roseira verde e de rosas douradas,
algo da infinita primavera
que hoje esperava, com o céu aberto
quando voltou a chuva
e o papel esperava
a tocar tristemente
a janela,
depois a dançar
com fúria desmedida
sobre meu coração e sobre o teto,
reclamando
seu lugar,
pedindo-me um cálice
para enchê-lo uma vez mais de agulhas,
de tempo transparente,
de lágrimas.

[EN PLENO MES DE JUNIO...]

En pleno mes de Junio
me sucedió una mujer,
más bien una naranja.
Está confuso el panorama:
tocaron a la puerta:
era una ráfaga,
un látigo de luz,
una tortuga ultravioleta,
la vi
con lentitud de telescopio,
como si lejos fuera o habitara
esta vestidura de estrella,
y por error del astrónomo
hubiera entrado en mi casa.

[EM PLENO MÊS DE JUNHO...]

Em pleno mês de Junho
me aconteceu uma mulher,
melhor uma laranja.
Está confuso o panorama.
Bateram à porta,
era uma lufada,
um látego de luz,
uma tartaruga ultravioleta,
a via com lentidão de telescópio,
como se longe fosse ou habitasse
esta vestidura de estrela,
e por erro do astrônomo
houvesse entrado em minha casa.

[ESTA CAMPANA ROTA...]

Esta campana rota
quiere sin embargo cantar:
el metal ahora es verde,
color de selva tiene la campana,
color de agua de estanques en el bosque,
color del día en las hojas.

El bronce roto y verde,
la campana de bruces
y dormida
fue enredada por las enredaderas,
y del color oro duro del bronce
pasó a color de rana:
fueron las manos del agua,
la humedad de la costa,
que dio verdura al metal,
ternura a la campana.

Esta campana rota
arrastrada en el brusco matorral
de mi jardín salvaje,
campana verde, herida,
hunde sus cicatrices en la hierba:
no llama a nadie más, no se congrega
junto a su copa verde

[ESTE SINO ROTO...]

Este sino roto
quer ainda cantar,
o metal agora é verde,
o sino tem a cor da selva,
cor da água de poça no bosque,
cor do dia nas folhas.

O bronze roto e verde,
o sino de bruços
e dormido
foi enredado pelas enredadeiras
e a cor de ouro duro do bronze
passou à cor da rã,
foram as mãos da água,
a umidade da costa
que deu verdura ao metal,
ternura ao sino.

Este sino roto
arrastado no brusco matagal
do meu jardim selvagem,
sino verde, ferido,
funde suas cicatrizes na erva,
não chama a mais ninguém,
não congrega

más que una mariposa que palpita
sobre el metal caído y vuela huyendo
con alas amarillas.

junto à sua copa verde
mais que uma borboleta que palpita
sobre o metal caído e voa
fugindo com asas amarelas.

[QUIERO SABER...]

Quiero saber si usted viene conmigo
a no andar y no hablar, quiero
saber si al fin alcanzaremos
la incomunicación: por fin
ir con alguien a ver el aire puro,
la luz listada del mar de cada día
o un objeto terrestre
y no tener nada que intercambiar
por fin, no introducir mercaderías
como lo hacían los colonizadores
cambiando barajitas por silencio.
Pago yo aquí por tu silencio.
De acuerdo: yo te doy el mío
con una condición: no comprendernos.

[QUERO SABER...]

Quero saber se você vem comigo
a não andar e não falar,
quero saber se ao fim alcançaremos
a incomunicação; por fim
ir com alguém a ver o ar puro,
a luz listrada do mar de cada dia
ou um objeto terrestre
e não ter nada que trocar
por fim, não introduzir mercadorias
como o faziam os colonizadores
trocando baralhinhos por silêncio.
Pago eu aqui por teu silêncio.
De acordo, eu te dou o meu
com uma condição: não nos compreender.

(H. V.)

ME SUCEDIÓ con el fulano aquél
recomendado, apenas conocido,
pasajero en el barco, el mismo barco
en que viajé fatigado de rostros.
Quise no verlo, fue imposible.
Me impuse otro deber contra mi vida:
ser amistoso en vez de indiferente
a causa de su rápida mujer,
alta y bella, con frutos y con ojos.
Ahora veo mi equivocación
en su triste relato de viajero.

Fui generoso provincianamente.

No creció su mezquina condición
por mi mano de amigo, en aquel barco,
su desconfianza en sí siguió más fuerte
como si alguien pudiera convencer
a los que no creyeron en sí mismos
que no se menoscaben en su guerra
contra la propia sombra. Así nacieron.

(H. V.)

ACONTECEU-ME com aquele fulano
recomendado, conhecido apenas,
passageiro do barco, o mesmo barco
em que viajei fatigado de rostos.
Quis não o ver, foi impossível.
Impus-me outro dever contra minha vida:
ser amistoso invés de indiferente
por causa de sua rápida mulher,
alta e bela, com frutos e com olhos.
Agora vejo minha equivocação
no seu triste relato de viajante.

Fui provincianamente generoso.

Não cresceu sua mesquinha condição
por minha mão de amigo, naquele barco,
sua desconfiança em si seguiu mais forte
como se alguém pudesse convencer
aos que não acreditaram em si mesmos
que não se desprezem em suas guerras
contra a própria sombra. Assim nasceram.

[NO UN ENFERMIZO CASO...]

No un enfermizo caso, ni la ausencia
de la grandeza, no,
nada puede matar nuestro mejor,
la bondad, sí señor, que padecemos:
bella es la flor del hombre, su conducta
y cada puerta es la bella verdad
y no la susurrante alevosía.

Siempre saqué de haber sido mejor,
mejor que yo, mejor de lo que fui,
la condecoración más taciturna:
recobrar aquel pétalo perdido
de mi melancolía hereditaria:
buscar una vez más la luz que canta
dentro de mí, la luz inapelable.

[NÃO UM CASO DOENTIO...]

Não um caso doentio,
nem a ausência de grandeza, não,
nada pode matar o melhor de nós,
a bondade, sim senhor, que padecemos:
– bela é a flor do homem, sua conduta
e cada porta é a bela verdade
e não a sussurrante aleivosia.

Sempre ganhei, por ter sido melhor,
melhor que eu, melhor do que fui,
a condecoração mais taciturna:
– recuperar aquela pétala perdida
de minha melancolia hereditária
– buscar mais uma vez a luz que canta
dentro de mim, a luz inapelável.

[SÍ, CAMARADA...]

Sí, CAMARADA, es hora de jardín
y es hora de batalla, cada día
es sucesión de flor o sangre:
nuestro tiempo nos entregó amarrados
a regar los jazmines
o a desangrarnos en una calle oscura:
la virtud o el dolor se repartieron
en zonas frías, en mordientes brasas,
y no había otra cosa que elegir:
los caminos del cielo,
antes tan transitados por los santos,
están poblados por especialistas.

Ya desaparecieron los caballos.

Los héroes van vestidos de batracios,
los espejos viven vacíos
porque la fiesta es siempre en otra parte,
en donde ya no estamos invitados
y hay pelea en las puertas.

Por eso es éste el llamado penúltimo,
el décimo sincero
toque de mi campana:
al jardín, camarada, a la azucena,

[SIM, CAMARADA...]

Sim, camarada, é hora de jardim
e é hora de batalha, cada dia
é sucessão de flor e sangue,
nosso tempo nos entregou amarrados
a regar os jasmins
ou a dessangrar-nos numa rua escura,
a virtude ou a dor se repartiram
em zonas frias, em mordentes brasas,
e não havia outra coisa que eleger,
os caminhos do céu,
antes tão transitados pelos santos,
estão hoje povoados por especialistas.

Já desapareceram os cavalos.

Os heróis vão vestidos de batráquios,
os espelhos vivem vazios
porque a festa é sempre em outra parte,
onde já não somos convidados
e há briga nas portas.

Por isso este é o penúltimo chamado,
o décimo sincero toque
do meu sino,
ao jardim, camarada, à açucena,

al manzano, al clavel intransigente,
a la fragancia de los azahares,
y luego a los deberes de la guerra.

Delgada es nuestra patria
y en su desnudo filo de cuchillo
arde nuestra bandera delicada.

à macieira, ao cravo intransigente,
à fragrância da flor de laranjeira,
e logo aos deveres da guerra.

Delgada é nossa pátria
e em seu despido fio de faca
arde nossa bandeira delicada.

[DESDE QUE AMANECIÓ...]

Desde que amaneció con cuántos hoy
se alimentó este día?
Luces letales, movimientos de oro,
centrífugas luciérnagas,
gotas de luna, pústulas, axioma,
todos los materiales superpuestos
del trascurso: dolores, existencias,
derechos y deberes:
nada es igual cuando desgasta el día
su claridad y crece
y luego debilita su poder.

Hora por hora con una cuchara
cae del cielo el ácido
y así es el hoy del día,
el día de hoy.

[DESDE QUE AMANHECEU...]

Desde que amanheceu
com quantos hoje se alimentou este dia?
Luzes letais, movimentos de ouro,
centrífugos pirilampos
gotas de lua, pústulas, axioma,
superpostos todos os materiais
do transcurso: – dores, existências,
direitos e deveres –
nada é igual quando desgasta o dia
sua claridade e cresce
e logo enfraquece seu poder.

Hora por hora
com uma colher
cai do céu o ácido
e assim é o hoje do dia,
o dia de hoje.

[EL PUERTO PUERTO...]

El puerto puerto de Valparaíso
mal vestido de tierra
me ha contado: no sabe navegar:
soporta la embestida,
vendaval, terremoto,
ola marina,
todas las fuerzas le pegan
en sus narices rotas.

Valparaíso, perro pobre
ladrando por los cerros,
le pegan los pies
de la tierra
y las manos del mar.
Puerto puerto que no puede salir
a su destino abierto en la distancia
y aúlla
solo
como un tren de invierno
hacia la soledad,
hacia el mar implacable.

[O PORTO PORTO...]

O PORTO PORTO de Valparaíso
mal vestido de terra
Contou-me: – não sabe navegar –
suporta a investida,
vendaval, terremoto,
onda marinha,
todas as forças batem
nos seus narizes rotos.

Valparaíso, cão pobre
ladrando pelos cerros,
os pés da terra
e as mãos do mar
lhe batem.
Porto porto que não pode sair
a seu destino aberto na distância
e uiva
sozinho
como um trem de inverno
para a solidão
para o mar implacável.

[TODOS ME PREGUNTABAN...]

Todos me preguntaban cuándo parto,
cuándo me voy. Así parece
que uno hubiera sellado en silencio
un contrato terrible:
irse de cualquier modo a alguna parte
aunque no quiera irme a ningún lado.

Señores, no me voy,
yo soy de Iquique,
soy de las viñas negras de Parral,
del agua de Temuco,
de la tierra delgada,
soy y estoy.

[TODOS ME PERGUNTAVAM...]

Todos me perguntavam quando parto,
quando me vou. Assim parece
que houvesse selado em silêncio
um contrato terrível:
ir-se de qualquer modo a alguma parte
ainda que não quisesse ir-me a nenhum lugar.

Senhores, não meu vou,
eu sou de Iquique,
sou das vinhas negras de Parral,
da água de Temuco,
da terra delgada,
sou e estou.

LENTO

Don Rápido Rodríguez
no me conviene:
doña Luciérnaga Aguda
no es mi amor:
para andar con mis pasos amarillos
hay que vivir adentro
de las cosas espesas:
barro, madera, cuarzo,
metales,
construcciones de ladrillo:
hay que saber cerrar los ojos
en la luz,
abrirlos en la sombra,
esperar.

LENTO

Dom Rápido Rodriguez
não me convém;
Dona Pirilampa Aguda
não é meu amor;
para andar com meus passos amarelos
tem que viver dentro
das coisas espessas:
– barro, madeira, quartzo,
metais,
construções de ladrilho
– tem que saber fechar os olhos
na luz,
os abrir na sombra,
esperar.

SUCEDE

Golpearon a mi puerta el 6 de Agosto:
ahí no había nadie
y nadie entró, se sentó en una silla
y transcurrió conmigo, nadie.

Nunca me olvidaré de aquella ausencia
que entraba como Pedro por su casa
y me satisfacía con no ser:
con un vacío abierto a todo.

Nadie me interrogó sin decir nada
y contesté sin ver y sin hablar.

Qué entrevista espaciosa y especial!

ACONTECE

Bateram à minha porta em 6 de agosto,
aí não havia ninguém
e ninguém entrou, sentou-se numa cadeira
e transcorreu comigo, ninguém.

Nunca me esquecerei daquela ausência
que entrava como Pedro por sua causa
e me satisfazia com o não ser,
com um vazio aberto a tudo.

Ninguém me interrogou sem dizer nada
e contestei sem ver e sem falar.

Que entrevista espaçosa e especial!

RAMA

Una rama de aromo, de mimosa,
fragante sol del entumido invierno,
compré en la feria de Valparaíso
y seguí con aromo y con aroma
hasta Isla Negra.

Cruzábamos la niebla,
campos pelados, espinares duros,
tierras frías de Chile:
(bajo el cielo morado
la carretera muerta).

Sería amargo el mundo
en el viaje invernal, en el sinfín,
en el crepúsculo deshabitado,
si no me acompañara cada vez,
cada siempre,
la sencillez central
de una rama amarilla.

RAMO

Um ramo de acácia, de mimosa,
fragrante sol do entorpecido inverno,
comprei na feira de Valparaíso
e segui com acácia e com aroma
até Ilha Negra.

Cruzamos a neve,
campos descarnados, espinheiras duras,
terras frias do Chile:
(sob o céu amorado
a estrada morta).

O mundo seria amargo
na viagem invernal, no sem-fim,
no desabitado crepúsculo,
se não me acompanhasse cada vez,
cada sempre,
a singeleza central
de um ramo amarelo.

EL EMBAJADOR

Viví en un callejón donde llegaban
a orinar todo gato y todo perro
de Santiago de Chile.
Era en 1925.
Yo me encerraba con la poesía
transportado al Jardín de Albert Samain,
al suntuoso Henri de Regnier,
al abanico azul de Mallarmé.

Nada mejor contra la orina
de millares de perros suburbiales
que un cristal redomado
con pureza esencial, con luz y cielo:
la ventana de Francia, parques fríos
por donde las estatuas impecables
– era en 1925 –
se intercambiaban camisas de mármol,
patinadas, suavísimas al tacto
de numerosos siglos elegantes.

En aquel callejón yo fui feliz.

Más tarde, años después,
llegué de Embajador a los Jardines.

O EMBAIXADOR

Vivi em um beco
onde chegavam para mijar
todo gato e todo cão
de Santiago do Chile.
Era em 1925.
Eu me encerrava com a poesia
transportado ao Jardim de Albert Samain,
ao suntuoso Henri de Regnier,
ao leque azul de Mallarmé.

Nada melhor contra a urina
de milhares de cães suburbanos
que um cristal refinado
com pureza essencial, com luz e céu,
a janela da França, parques frios
por onde as estátuas impecáveis
– era em 1925 –
trocavam-se camisas de mármore,
com pátinas, suavíssimas ao tato
de numerosos elegantes séculos.

Naquele beco eu fui feliz.

Mais tarde, anos depois,
cheguei como Embaixador aos Jardins.

Ya los poetas se habían ido.

Y las estatuas no me conocían.

Já os poetas tinham ido embora.

E as estátuas não me conheciam.

AQUÍ

Me vine aquí a contar las campanas
que viven en el mar,
que suenan en el mar,
dentro del mar.

Por eso vivo aquí.

AQUI

Vim aqui para contar os sinos
que vivem no mar,
que soam no mar,
dentro do mar.

Por isso vivo aqui.

[SI CADA DÍA CAE...]

Si cada día cae
dentro de cada noche,
hay un pozo
donde la claridad está encerrada.

Hay que sentarse a la orilla
del pozo de la sombra
y pescar luz caída
con paciencia.

[SE CADA DIA CAI...]

Se cada dia cai
dentro de cada noite,
há um poço
onde a claridade está presa.

Há que sentar-se na beira
do poço da sombra
e pescar luz caída
com paciência.

TODOS

Yo TAL VEZ yo no seré, tal vez no pude,
no fui, no vi, no estoy:
qué es esto? Y en qué Junio, en qué madera
crecí hasta ahora, continué naciendo?

No crecí, no crecí, seguí muriendo?

Yo repetí en las puertas
el sonido del mar,
de las campanas:
yo pregunté por mí, con embeleso
(con ansiedad más tarde),
con cascabel, con agua,
con dulzura:
siempre llegaba tarde.
Ya estaba lejos mi anterioridad,
ya no me respondía yo a mí mismo,
me había ido muchas veces yo.

Y fui a la próxima casa,
a la próxima mujer,
a todas partes
a preguntar por mí, por ti, por todos:
y donde yo no estaba ya no estaban,

TODOS

Eu talvez eu não serei, talvez não pude,
não fui, não vi, não estou:
– que é isto? E em que Junho, em que madeira
cresci até agora, continuarei nascendo?

Não cresci, não cresci, segui morrendo?

Eu repeti nas portas
o som do mar,
dos sinos,
eu perguntei por mim, com encantamento
(com ansiedade mais tarde),
com chocalho, com água,
com doçura,
sempre chegava tarde.
Já estava longe minha anterioridade,
já não me respondia eu a mim mesmo,
eu me havia ido muitas vezes.

Eu fui à próxima casa,
à próxima mulher,
a todas as partes
a perguntar por mim, por ti, por todos,
e onde eu não estava já não estavam,

todo estaba vacío
porque sencillamente no era hoy,
era mañana.

Por qué buscar en vano
en cada puerta en que no existiremos
porque no hemos llegado todavía?

Así fue como supe
que yo era exactamente como tú
y como todo el mundo.

tudo estava vazio
porque simplesmente não era hoje,
era amanhã.

Por que buscar em vão
em cada porta em que não existiremos
porque não chegamos ainda?

Assim foi como soube
que eu era exatamente como tu
e como todo o mundo.

PEREZA

No trabajé en Domingo,
aunque nunca fui Dios.
Ni del Lunes al Sábado
porque soy criatura perezosa:
me contenté con mirar las calles
donde trabajaban llorando
picapedreros, magistrados, hombres
con herramientas o con ministerios.

Cerré todos mis ojos de una vez
para no cumplir con mis deberes:
ésa es la cosa
me susurraba a mí mismo
con todas mis gargantas,
y con todas mis manos
acaricié soñando
las piernas femeninas que pasaban volando.

Luego bebí vino tinto de Chile
durante veinte días y diez noches.
Bebí ese vino color amaranto
que nos palpita y que desaparece
en tu garganta como un pez fluvial.

PREGUIÇA

Não trabalhei em Domingo,
ainda que nunca fui Deus.
Nem de Segunda a Sábado
porque sou criatura preguiçosa,
contentei-me com olhar as ruas
onde trabalham chorando
pedreiros, magistrados, homens
com ferramentas ou com ministérios.

Fechei todos meus olhos de uma vez
para não cumprir com meus deveres,
essa é a coisa
sussurrava-me a mim mesmo
com todas minhas gargantas,
e com todas minhas mãos
acariciei sonhando
as pernas femininas que passavam voando.

Depois bebi vinho tinto do Chile
durante vinte dias e dez noites.
Bebi esse vinho cor de amaranto
que nos palpita e que desaparece
em tua garganta como um peixe fluvial.

Debo agregar a este testimonio
que más tarde dormí, dormí, dormí,
sin renegar de mi mala conducta
y sin remordimientos:
dormí tan bien como si lloviera
interminablemente
sobre todas las islas
de este mundo
agujereando con agua celeste
la caja de los sueños.

Devo agregar a este testemunho
que mais tarde dormi, dormi, dormi,
sem renegar de minha má conduta
e sem remordimento,
dormi tão bem como se chovesse
interminavelmente
sobre todas as ilhas
deste mundo
furando com água celeste
a caixa dos sonhos.

NOMBRES

Ay, Eduvigis, qué nombre tan bello
tienes, mujer de corazón azul:
es un nombre de reina
que poco a poco llegó a las cocinas
y no regresó a los palacios.

Eduvigis
está hecho de sílabas trenzadas
como racimos de ajos
que cuelgan de las vigas.

Si miramos tu nombre en la noche,
cuidado! resplandece
como una tiara desde la ceniza,
como una brasa verde
escondida en el tiempo.

NOMES

Ai, Eduvigis, que nome tão belo tens,
mulher de coração azul;
é um nome de rainha
que pouco a pouco chegou às cozinhas
e não regressou aos palácios.

Eduvigis
está feito de sílabas trançadas
com réstias de alhos
penduradas nas vigas.

Se olharmos teu nome na noite,
cuidado, resplandece
como uma tiara desde a cinza
como uma brasa verde
escondida no tempo.

ESPEREMOS

Hay otros días que no han llegado aún,
que están haciéndose
como el pan o las sillas o el producto
de las farmacias o de los talleres:
hay fábricas de días que vendrán:
existen artesanos del alma
que levantan y pesan y preparan
ciertos días amargos o preciosos
que de repente llegan a la puerta
para premiarnos con una naranja
o para asesinarnos de inmediato.

ESPEREMOS

Há outros dias que não têm chegado ainda,
que estão fazendo-se
como o pão ou as cadeiras ou o produto
das farmácias ou das oficinas
– há fábricas de dias que virão –
existem artesãos da alma
que levantam e pesam e preparam
certos dias amargos ou preciosos
que de repente chegam à porta
para premiar-nos com uma laranja
ou assassinar-nos de imediato.

LAS ESTRELLAS

DE ALLÍ, DE ALLÍ, señaló el campanero:
y hacia ese lado vio la muchedumbre
lo de siempre, el nocturno azul de Chile,
una palpitación de estrellas pálidas.

Vinieron más, los que no habían visto
nunca hasta ahora lo que sostenía
el cielo cada día y cada noche,
y otros más, otros más, más sorprendidos,
y todos preguntaban, dónde, adónde?

Y el campanero, con grave paciencia,
indicaba la noche con estrellas,
la misma noche de todas las noches.

AS ESTRELAS

Dali, dali, assinalou o sineiro,
a multidão viu para esse lado
o de sempre, o noturno azul do Chile,
uma palpitação de estrelas pálidas.

Vieram mais, os que não haviam nunca visto
até agora o que sustinha o céu
cada dia e cada noite,
e outros mais, outros mais, mais
                              [surpreendidos,
e todos perguntavam, onde, aonde?

E o sineiro, com grave paciência
indicava a noite com estrelas,
a mesma noite de todas as noites.

CIUDAD

Suburbios de ciudad con dientes negros
y paredes hambrientas
saciadas con harapos de papel:
la basura esparcida,
un hombre muerto
entre las moscas de invierno
y la inmundicia:
Santiago,
cabeza de mi patria
pegada a la gran cordillera,
a las naves de nieve,
triste herencia
de un siglo de señoras colifinas
y caballeros de barbita blanca,
suaves bastones, sombreros de plata,
guantes que protegían uñas de águila.

Santiago, la heredada,
sucia, sangrienta, escupida,
triste y asesinada
la heredamos
de los señores y su šeñorío.

Cómo lavar tu rostro,
ciudad, corazón nuestro,

CIDADE

SUBÚRBIOS DE CIDADE com dentes negros
e paredes famintas
saciadas com farrapos de papel
– o lixo esparramado,
um homem morto
entre as moscas do inverno
e a imundície –
Santiago,
cabeça de minha pátria
pegada à grande cordilheira,
às naves de neve,
triste herança
de um século de senhoras elegantes
e cavalheiros de barbicha branca,
suaves bengalas, chapéus de prata,
luvas que protegiam unhas de águia.

Santiago, a herdada,
suja, sangrenta, cuspida,
triste e assassinada
a herdamos
dos senhores e seu senhorio.

Como lavar teu rosto,
cidade, nosso coração,

hija maldita,
cómo
devolverte la piel, la primavera,
la fragancia,
vivir contigo viva,
encenderte encendida,
cerrar los ojos y barrer tu muerte
hasta resucitarte y florecerte
y darte nuevas manos y ojos nuevos,
casas humanas, flores en la luz!

filha maldita,
como
devolver-te a pele, a primavera,
a fragrância,
viver contigo viva,
acender-te acesa,
fechar os olhos e varrer tua morte
até ressuscitar-te e florescer-te
e dar-te novas mãos e novos olhos,
casas humanas, flores na luz!

[SE LLAMA A UNA PUERTA...]

SE LLAMA A UNA puerta de piedra
en la costa, en la arena,
con muchas manos de agua.
La roca no responde.

Nadie abrirá. Llamar es perder agua,
perder tiempo.
Se llama, sin embargo,
se golpea
todo el día y el año,
todo el siglo, los siglos.

Por fin algo pasó.
La piedra es otra.

Hay una curva suave como un seno,
hay un canal por donde pasa el agua,
la roca no es la misma y es la misma.
Allí donde era duro el arrecife
suave sube la ola por la puerta
terrestre.

[SE CHAMA A UMA PORTA...]

Se chama a uma porta de pedra
na costa, na areia,
com muitas mãos de água.
A rocha não responde.

Ninguém abrirá. Chamar é perder água,
perder tempo.
Se chama, ainda,
se bate
todo dia e ano,
todo o século, os séculos.

Por fim algo passou.
A pedra é outra.

Há uma curva sonora como um seio,
há um canal por onde passa a água,
a rocha não é a mesma e é a mesma.
Ali onde era duro o recife
a onda sobe suave pela porta
terrestre.

[PERDÓN SI POR MIS OJOS...]

Perdón si por mis ojos no llegó
más claridad que la espuma marina,
perdón porque mi espacio
se extiende sin amparo
y no termina:
monótono es mi canto,
mi palabra es un pájaro sombrío,
fauna de piedra y mar, el desconsuelo
de un planeta invernal, incorruptible.
Perdón por esta sucesión del agua,
de la roca, la espuma, el desvarío
de la marea: así es mi soledad:
bruscos saltos de sal contra los muros
de mi secreto ser, de tal manera
que yo soy una parte
del invierno,
de la misma extensión que se repite
de campana en campana en tantas olas
y de un silencio como cabellera,
silencio de alga, canto sumergido.

[PERDÃO SE PELOS MEUS OLHOS...]

Perdão se pelos meus olhos não chegou
mais claridade que a espuma marinha,
perdão porque meu espaço
se estende sem amparo
e não termina:
– monótono é meu canto,
minha palavra é um pássaro sombrio,
fauna de pedra e mar, o desconsolo
de um planeta invernal, incorruptível.
Perdão por esta sucessão de água,
da rocha, a espuma, o delírio da maré
– assim é minha solidão –
saltos bruscos de sal contra os muros
de meu ser secreto, de tal maneira
que eu sou uma parte do inverno,
da mesma extensão que se repete
de sino em sino em tantas ondas
e de um silêncio como cabeleira,
silêncio de alga, canto submergido.

[SANGRIENTA FUE...]

Sangrienta fue toda tierra del hombre.
Tiempo, edificaciones, rutas, lluvia,
borran las constelaciones del crimen,
lo cierto es que un planeta tan pequeño
fue mil veces cubierto por la sangre,
guerra o venganza, asechanza o batalla,
cayeron hombres, fueron devorados,
luego el olvido fue limpiando
cada metro cuadrado: alguna vez
un vago monumento mentiroso,
a veces una cláusula de bronce,
luego conversaciones, nacimientos,
municipalidades, y el olvido.
Qué artes tenemos para el exterminio
y qué ciencia para extirpar recuerdos!
Está florido lo que fue sangriento.
Prepararse, muchachos,
para otra vez matar, morir de nuevo,
y cubrir con flores la sangre.

[FOI SANGRENTA...]

FOI SANGRENTA toda a terra do homem.
Tempo, edificações, rotas, chuva,
apagam as constelações do crime,
o certo é que um planeta tão pequeno
foi mil vezes coberto pelo sangue,
guerra ou vingança, armadilha ou batalha,
caíram homens, foram devorados,
depois o esquecimento foi limpando
cada metro quadrado: alguma vez
um vago monumento mentiroso,
às vezes uma cláusula de bronze,
depois conversações, nascimentos,
municipalidades, e o esquecimento.
Que artes temos para o extermínio
e que ciência para extirpar lembranças!
Está florido o que foi sangrento.
Preparar-se, rapazes,
para outra vez matar, morrer de novo,
e cobrir com flores o sangue.

(TRINÓ EL ZORZAL...)

Trinó el zorzal, pájaro puro
de los campos de Chile:
llamaba, celebraba,
escribía en el viento.
Era temprano,
aquí, en invierno, en la costa.
Quedaba un arrebol celeste
como un delgado trozo de bandera
flotando sobre el mar.
Luego el color azul invadió el cielo
hasta que todo se llenó de azul,
porque ése es el deber de cada día,
el pan azul de cada día.

(TRINOU O ZORZAL...)

T‍RINOU O ZORZAL, pássaro puro
dos campos do Chile:
chamava, celebrava,
escrevia no vento.
Era cedo,
aqui, no inverno, na costa.
Ficava um arrebol celeste
como um delgado pedaço de bandeira
flutuando sobre o mar.
Depois a cor azul invadiu o céu
até que tudo se encheu de azul,
porque esse é o dever de cada dia,
o pão azul de cada dia.

[AHÍ ESTÁ EL MAR?...]

Ahí está el mar? Muy bien, que pase.
Dadme
la gran campana, la de raza verde.
No ésa no es, la otra, la que tiene
en la boca de bronce una ruptura,
y ahora, nada más, quiero estar solo
con el mar principal y la campana.
Quiero no hablar por una larga vez,
silencio, quiero aprender aún,
quiero saber si existo.

[AÍ ESTÁ O MAR?...]

AÍ ESTÁ O MAR? Muito bem, que passe.
Dá-me o grande sino, o de fenda verde.
Não esse não é, o outro, o que tem
na boca de bronze uma ruptura,
e agora, nada mais, quero estar só
com o mar principal e o sino.
Não quero falar por um largo tempo,
silêncio, quero aprender ainda,
quero saber se existo.

FINAL

Matilde, años o días
dormidos, afiebrados,
aquí o allá,
clavando,
rompiendo el espinazo,
sangrando sangre verdadera,
despertando tal vez
o perdido, dormido:
camas clínicas, ventanas extranjeras,
vestidos blancos de las sigilosas,
la torpeza en los pies.

Luego estos viajes
y el mío mar de nuevo:
tu cabeza en la cabecera,
tus manos voladoras
en la luz, en mi luz,
sobre mi tierra.

Fue tan bello vivir
cuando vivías!

El mundo es más azul y más terrestre
de noche, cuando duermo
enorme, adentro de tus breves manos.

FINAL

Matilde, anos ou dias
dormidos, febris,
aqui ou ali,
cravando,
rompendo a espinha dorsal,
sangrando sangue verdadeiro,
despertando talvez
o perdido, dormido:
camas clínicas, janelas estrangeiras,
vestidos brancos das sigilosas,
o torpor nos pés.

Depois estas viagens
e o meu mar de novo:
tua cabeça na cabeceira,
na luz
tuas mãos voadoras,
na minha luz,
sobre minha terra.

Foi tão belo viver
quando vivias!

O mundo é mais azul
e mais terrestre de noite,
quando durmo,
enorme, dentro de tuas breves mãos.

SOBRE O AUTOR

RICARDO NEFTALÍ REYES BASOALTO nasceu na cidade chilena de Parral, em 12 de julho de 1904. Sua mãe era professora e morreu logo após o nascimento do filho. Seu pai, que era funcionário de ferrovia, mudou-se alguns anos mais tarde para a cidade de Temuco, onde se casou novamente com Trinidad Candia Malverde. Ricardo passou a infância perto de florestas, em meio à natureza virgem, o que marcaria para sempre seu imaginário, refletindo-se na sua obra literária.

Em Temuco, conheceu a poetisa Gabriela Mistral, então diretora de uma escola, que muito se afeiçoou a ele.

Com treze anos, Ricardo começou a contribuir com alguns textos para o jornal *La Montaña*. Foi em 1920 que surgiu o pseudônimo Pablo Neruda – uma homenagem ao poeta tchecoslovaco Jan Neruda (1834-1891) –, sob o qual o jovem publicava poemas no periódico literário *Selva Austral*. Vários dos poemas desse período estão presentes em *Crepusculário*, o primeiro livro do poeta a ser publicado, em 1923. No ano seguinte, 1924, foi publicado o livro *Veinte poemas de amor y una canción desesperada*, no qual a mulher simboliza o mundo que o jovem poeta anseia por conhecer.

Além das suas atividades literárias, Neruda estudou francês e pedagogia na Universidade do Chile. No período de 1927 a 1935, trabalhou como diplomata para o governo chileno, vivendo em Burma, Ceilão, Java, Cingapura, Buenos Aires, Barcelona e Madri. Em 1930, casou-se com María Antonieta Hagenaar, de quem se divorciaria em 1936. Viveu com Delia de Carril a partir de meados da década de 30 (casaria-se com ela em 1943 e dela se divorciaria em 1955).

Em meio às turbulências políticas de proporções mundiais do período do entreguerras, Neruda publicou o livro que marcaria um novo período em sua obra, *Residência na terra* (1933). Surgia uma poesia de um pessimismo social angustiado, marcada pela orientação política e culminando no grito pela revolução. Em 1936, o estouro da Guerra Civil Espanhola e o assassinato de Federico García Lorca, a quem Neruda conhecia, aproximam o poeta chileno dos republicanos espanhóis e fazem com que ele seja destituído de seu cargo consular. Neruda exalta as forças republicanas espanholas em *Espanha no coração* (1937), livro de poemas que foi impresso no front da Guerra Espanhola e que, posteriormente, passou a integrar a obra *Terceira residência* (1947). Também no poema *Canto a Stalingrado*, recolhido em *Terceira residência* mas escrito nos anos antecedentes à Segunda Guerra Mundial, se pode perceber a forte inclinação esquerdista e o engajamento político-social do poeta.

Em 1943, Neruda voltou ao Chile e em 1945 foi eleito senador da república, filiando-se ao partido comunista chileno. Devido a suas manifestações contra a política repressiva do presidente Gonzáles Videla para com mineiros em greve, teve de viver de forma clandestina em seu próprio país por dois anos, até exilar-se, em 1949. Em 1950, foi publicado no México e clandestinamente no Chile o livro *Canto geral*, escrito por Neruda quando era cônsul-geral no México. Além de ser o título mais célebre de Neruda, *Canto geral* é uma obra-prima de poesia telúrica que exalta poderosamente toda a vida do Novo Mundo – os vegetais, os homens, os animais –, denuncia a impostura dos conquistadores e a tristeza dos povos explorados, expressando um grito de fraternidade por meio de imagens poderosas.

Após viver em diversos países, Neruda voltou ao Chile em 1952. Muito do que ele escreveu nesse tempo tem profundas marcas políticas, como é o caso de *As uvas e o vento* (1954), que pode ser considerado o diário de exílio do poeta.

Em 1955, ano de seu divórcio com sua segunda mulher, Neruda iniciaria um relacionamento com Matilde Urrutia que duraria até a morte do poeta. Seguiram-se os livros *Estravagario* (1958), *Odas elementales* (1954-1959), *Cem sonetos de amor* (1959), que inclui poemas dedicados a Matilde, *Memorial de Isla Negra*, obra autobiográfica em cinco volumes publicada em 1964, por ocasião do 60º aniversário do poeta, *Arte de pájaros* (1966), *La barcarola* (1967), a peça *Fulgor e morte de Joaquín Murieta* (1967), *Las manos del día* (1968), *Fin del mundo* (1969), *Las piedras del cielo* (1970) e *La espada encendida* (1970).

Em 1971, Pablo Neruda recebeu a honraria máxima para um escritor, o Prêmio Nobel de Literatura, devido à sua poesia que "com a ação de forças elementares dá vida ao destino e aos sonhos de todo um continente". Publicou, a seguir, *Geografia infructuosa* (1972).

Pablo Neruda morreu em Santiago do Chile, em 23 de setembro de 1973, apenas alguns dias após o golpe militar que depusera da presidência do país o seu amigo Salvador Allende, em 11 de setembro.

Vários livros de poesia daquele que foi a voz poética mais célebre e universal do século XX foram publicados postumamente. São eles: *El mar y las campanas* (1973), *El corazón amarillo* (1974), *Defectos escogidos* (1974), *El libro de las preguntas* (1974), *Elegia* (1974) e *Jardim de inverno* (1975). Também foram publicados após a morte de Neruda os livros de prosa *Confesso que vivi* (memórias), 1974, e *Para nascer he nascido* (1978).

lepmeditores
www.lpm.com.br
o site que conta tudo

IMPRESSÃO:

PALLOTTI
GRÁFICA

Santa Maria - RS | Fone: (55) 3220.4500
www.graficapallotti.com.br